T0079706

KUNSTHAUS ZÜRICH

Le nouveau Kunsthaus Zürich
Musée pour l'art et le public

Avec des contributions de
Christoph Becker
Nike Dreyer
Rahel Fiechter
Peter Haerle
Thomas Kessler
Walter B. Kielholz
Corine Mauch
André Odermatt
Björn Quellenberg
Wiebke Rösler Häfliger
Anna Schindler
Christina Schumacher
Mirjam Varadinis

Scheidegger & Spiess

The project for the extension of Kunsthaus Zürich brings together the fundamental concerns of museum design with the responsibilities created by both the urban context and the relationship with the existing museum. From the outset, we have sought to invest the museum with the physical qualities that enhance the experience of the museum visitor while considering the civic nature of the building and the institution. We hope that the quality of the architecture, its spatial, formal and material resolution, will guarantee that the extension, like Karl Moser's original building, becomes an integral part of the physical, social and cultural infrastructure of the City of Zürich.

1

5

2

6

3

7

4

8

9

12
13

10

14

11

15

16

20

17

18

21

19

22

23

27

24

25

26

30

31

28

32

29

33

Éditorial

Chères amies et chers amis de l'art,

À l'issue d'une période de cinq années et quatre mois, l'extension du Kunsthaus Zürich est désormais achevée. Un cube élégant, clair, baigné de lumière, se dresse ainsi fièrement sur la Heimplatz. Bientôt y seront accueillis les chefs-d'œuvre de Monet et Van Gogh, de Sigmar Polke et Fischli/Weiss, d'Agnes Martin et Pipilotti Rist. Pendant quelques semaines cependant, en attendant les conditions climatiques propices aux peintures et aux sculptures, c'est le bâtiment lui-même qui est la véritable œuvre d'art.

L'extension réalisée par David Chipperfield Architects est digne d'un musée du XXIᵉ siècle. Non seulement elle offre à l'art des conditions optimales, de la lumière à la sécurité en passant par le système de climatisation. Grâce au hall d'entrée ouvert au public, au jardin des Arts et aux ateliers polyvalents, la médiation culturelle, l'échange et la participation se trouvent également renforcés. Comme le proclame le titre de cette publication, le nouveau Kunsthaus est en effet un musée pour l'art ET le public, y compris les publics qui se sont peu intéressés à l'art jusqu'à présent. C'est ce qu'ont approuvé les citoyennes et citoyens de Zurich lors de la votation de 2012.

Cette extension fait du Kunsthaus Zürich le plus grand musée d'art de Suisse et renforce la position de Zurich en tant que ville de culture. Elle a été rendue possible par l'engagement de la Zürcher Kunstgesellschaft, grâce à laquelle une part extraordinairement élevée des coûts de construction a pu être financée par des moyens privés – en complément des contributions de la ville et du canton de Zurich.

Nous tenons à remercier toutes les personnes impliquées et nous nous réjouissons de voir le Kunsthaus empli de vie et d'art. Il sera mis progressivement en service au cours de l'année 2021. En attendant, cette publication vous propose de découvrir dès à présent le nouveau Kunsthaus. Nous vous en souhaitons une agréable lecture !

---

[2] **Walter B. Kielholz,** président de la Einfache Gesellschaft Kunsthaus-Erweiterung et président de la Zürcher Kunstgesellschaft

---

[3] **Corine Mauch,** vice-présidente de la Einfache Gesellschaft Kunsthaus-Erweiterung et maire de la ville de Zurich

TABLE DES MATIÈRES

« L'art est de l'ordre de la (sur)vie pour une société. Il la tient et la rassemble. L'art agit au-delà des nationalités, des religions ou des frontières. Avec l'extension du Kunsthaus, Zurich acquiert un nouvel espace artistique, attractif et accessible à tout le monde. »

—
[4] **Heike Rindfleisch,** membre de longue date de la Zürcher Kunst-gesellschaft, est passionnée d'art et toujours en quête d'inspirations.

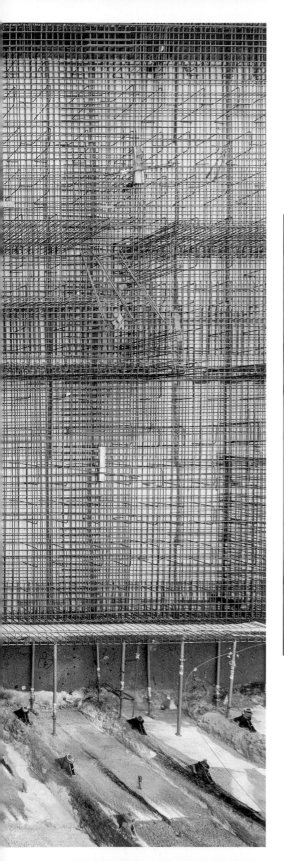

« Je n'ai vu l'extension qu'en construction, mais cette visite était déjà impressionnante. L'événementiel contemporain est exigeant en termes de technologie, et l'équipement de base de la salle de réception a ce qu'il faut. Mais dans les événements live, beaucoup de facteurs interviennent. Avec sa situation centrale, le nouvel espace extérieur et son design épuré associé à la possibilité d'intégrer l'art de façon symbiotique dans la scénographie, le Kunsthaus marque certainement des points. »

—
[5] **Gabriela Huber-Koller,** responsable création, standing ovation ag, étudie la possibilité de louer la salle de réception.

13

« L'extension du Kunsthaus Zürich était une étape nécessaire pour
que notre Kunsthaus puisse s'affirmer parmi les plus grands musées
d'Europe au XXIe siècle. Heureusement, il y a 18 ans, le conseil
communal voyait lui aussi les choses ainsi et n'a pas suivi le refus du
conseil municipal. »

—
[6] **Robert Kaeser,** ancien conseiller communal (FDP), a soutenu
l'extension du Kunsthaus dans une motion en 2002 avec
Peter Stähli-Barth (SP).

« J'attends avec impatience le nouveau Kunsthaus, car ce bâtiment moderne constitue un beau contrepoint à la vieille ville. Les nombreux visiteurs et visiteuses du musée forment un public intéressant qui va vivifier notre quartier. »

—
[8] **Peter Rothenhäusler,** président du Quartierverein Zürich 1, rive droite de la Limmat, aime voir de nouvelles perspectives émerger dans la vieille ville.

« Ce projet inhabituel a fait l'objet d'un droit d'appel d'offres public. Parmi les quelque 450 appels d'offres – par exemple pour la façade du bâtiment en pierre naturelle ou les grandes portes spéciales à l'intérieur du bâtiment –, beaucoup ont été des défis passionnants en termes de droit des marchés publics, ce qui personnellement m'a beaucoup plu. Je suis donc très heureux que nous ayons réussi, avec la direction du projet, à mettre en œuvre la planification et l'exécution sans une seule plainte, et sans les retards qui en découlent. »

—
[7] **Jürg Oetiker,** chef du service des marchés publics de l'Office des constructions de la ville de Zurich, et son équipe ont été responsables de la gestion de tous les contrats depuis le début du projet.

« Je suis très optimiste quant à la création actuelle de l'axe culturel de la Rämistrasse. Des galeries établies et d'autres plus jeunes sont ainsi porte à porte avec le nouveau Kunsthaus, le Schauspiel-haus, la Kronenhalle et l'Opéra – dites-moi où l'on trouve aujourd'hui une qualité culturelle d'une telle densité au cœur d'une ville euro-péenne ? »

—
9 **Victor Gislers** dirige la galerie Mai 36 dans la Rämistrasse. Depuis 1988, il s'engage pour l'art contemporain international.

« Ce que j'aime particulièrement dans le nouveau bâtiment, c'est l'association de laiton et de marbre, c'est très élégant. Ces matériaux existent déjà dans le Kunsthaus existant, et nous avons des produits de nettoyage spécialement adaptés. Ma recette à moi ? Ne pas polir le laiton, pour obtenir une belle patine. Et surtout, pas de détartrant sur le marbre ! »

—
10 **Paula Santos** travaille comme employée de nettoyage au Kunst-haus Zürich depuis 22 ans et connaît dans les moindres détails chaque poignée de porte.

« En faisant le tour, alors qu'on en était encore qu'au gros œuvre, j'étais déjà très emballée. Ça commence par l'entrée et le grand escalier, jusqu'à ma salle préférée (la petite colorée tout en haut). Pour moi, l'architecture est généreuse, lumineuse, claire, moderne, saisissante. Véritablement à la hauteur des trésors artistiques qui y sont montrés. J'ai hâte de découvrir les salles avec les œuvres d'art, et j'attends l'ouverture avec impatience. »

—
11 **Janet Mueller,** artiste zurichoise, a visité le chantier à l'automne 2019.

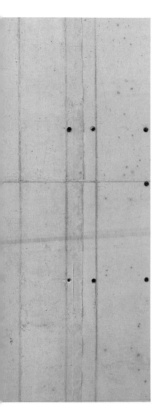

« Le Schauspielhaus de Zurich est lui aussi actuellement engagé dans des discussions passionnées sur la manière de penser l'avenir du théâtre pour la ville. Les discussions sont en cours et n'en sont encore qu'au début. Alors : félicitations, vous avez réussi ! Malgré le manque de place en ville, le nouveau Kunsthaus crée tellement plus d'espace pour l'art, même au-delà des canons ! Et donc aussi pour la visibilité et la participation d'artistes et de commissaires d'exposition de la région, de Suisse ou du monde entier. Nous croisons les doigts pour que les skateurs de la place d'en face et Naegeli se déplacent eux aussi, ou que des nouveaux Naegelis viennent s'ajouter. Car une chose est sûre : il se passe quelque chose ici, tout près d'anciennes et de nouvelles galeries, d'une scène gastronomique créative en plein renouveau à Hottingen, tout près du Neumarkt et du Schauspielhaus. »

—

[12] **Benjamin von Blomberg** et [13] **Nicolas Stemann,** directeurs du Schauspielhaus Zürich voisin, se réjouissent de voir une Heimplatz vivante.

« Grâce à une excellente isolation de l'enveloppe architecturale, grâce à l'exploitation de la géothermie, de l'énergie solaire et à beaucoup d'énergie cérébrale, voici le premier musée d'art qui atteint les objectifs de la société à 2 000 watts. »

—
15 Christian Polke, planificateur spécialisé au sein de la société Polke Ziege von Moos AG, était chargé des installations techniques du bâtiment.

« Beauté classique, structure rythmique, interprétation intégrative, point focal sur la Heimplatz, menuiserie flexible avec puits de lumière en forme d'ellipse – un formidable nouveau lieu de travail ! »

—
14 Johann-Christoph Knospe, menuisier, travaille au Kunsthaus Zürich depuis 2013.

« La ville de Zurich doit beaucoup à l'ancienne coopération, dans le domaine de la politique culturelle, entre le FDP et le SP. Hélas, nous n'avons pas réussi à faire venir à Zurich le « Cube » de Sol LeWitt, mais c'est ainsi que l'extension du Kunsthaus a été lancée par la politique il y a presque vingt ans. Félicitations : le bâtiment de Chipperfield convainc sur le plan tant fonctionnel qu'esthétique ! »

—
17 Peter Stähli-Barth, ancien conseiller communal (SP), a déposé il y a 18 ans, avec Robert Kaeser (FDP), une motion en faveur de l'extension du Kunsthaus.

« De l'extérieur, on peut déjà se faire une idée de ce superbe nouveau bâtiment sur la Heimplatz. Et l'intérieur, spacieux et lumineux, avec son imposant escalier, peut aisément tenir la concurrence internationale. Mais la réussite du nouveau Kunsthaus ne deviendra tangible que dans son interaction avec l'art. Je suis curieuse, et impatiente qu'il ouvre. »

—
16 Patricia Siebenmann, dirigeante de Siebenmann Communications et membre de longue date de la Zürcher Kunstgesellschaft.

« L'éclairage et sa répartition contribuent de manière significative à la perception des œuvres d'art par le public. Chaque musée a son propre style d'éclairage ; dans l'extension du Kunsthaus Zürich, les œuvres doivent être mises en valeur individuellement. Compte tenu des développements récents et d'importants atouts qualitatifs, l'éclairage initialement prévu a été complètement remplacé par un nouveau concept utilisant la lumière LED. L'un des points essentiels de cette planification était de développer des éclairages de première qualité, afin que les couleurs des œuvres exposées puissent être perçues de la manière la plus authentique possible. »

—
18 Hanspeter Keller, spécialiste externe de la société matí AG, était chargé de la conception de l'éclairage.

Que s'est-il passé en coulisse ?

Christoph Becker, directeur du Kunsthaus, évoque les exigences et la réalité de l'extension du musée

ON DIT QUE, POUR LE PREMIER COUP DE PIOCHE DE L'EXTENSION DU KUNSTHAUS, VOUS VOUS ÊTES SIMPLEMENT RENDU SUR LE TERRAIN DE L'ANCIENNE ÉCOLE CANTONALE. N'Y A-T-IL PAS EU DE LANCEMENT OFFICIEL ?

En 2015, les collaborateurs et collaboratrices avaient organisé un pot informel sur le futur emplacement de la construction. Il y eut alors un coup de pioche symbolique, parce que nous trouvions toutes et tous qu'après de multiples retournements et une trop longue attente, il fallait enfin agir. À mon sentiment, l'ensemble du processus, de la conception jusqu'au chantier final, a duré beaucoup trop longtemps. Deux décennies pour un bâtiment public : imaginez un peu, le temps, l'énergie et l'argent qu'il faut dans une ville aussi riche pour qu'elle puisse se permettre de tels délais. On devra en tirer des leçons et, pour d'autres grands projets à venir, réfléchir en particulier à la limitation du délai de recours après une votation populaire.

L'IDÉE D'AGRANDIR LE MUSÉE VIENT TOUTEFOIS DU KUNSTHAUS, N'EST-CE PAS ?

La première idée est née en 2001, après une réunion publique où furent évoquées les possibilités d'une extension. Dans les faits, l'extension du Kunsthaus était dans le « cahier des charges » de mon contrat de travail avec la Kunstgesellschaft, daté de 2000. Le projet était et reste déterminé par les contenus. La forme est en quelque sorte née de ces contenus : davantage de place pour les besoins du public ; plus d'espace pour l'art contemporain et les formes d'art actuelles, de même que pour les nouveaux rapports entre art et public ; des surfaces supplémentaires pour les exploitations commerciales, telles que bar, boutique et salle de réception, ainsi que pour l'intégration et la mise en contexte de quelques collections

privées de première importance. C'était principalement une entreprise stratégique.

IL FALLAIT CONSTRUIRE POUR L'ART ET POUR LE PUBLIC. EN 2012, LEDIT PUBLIC N'A TOUTEFOIS VOTÉ « OUI » QU'À 53,9 %. C'ÉTAIT DÉCEVANT ?

Non, ce fut un « oui » pour le nouveau Kunsthaus. Faute de quoi une énorme chance aurait été perdue pour Zurich.

QU'AURIEZ-VOUS DÛ FAIRE POUR OBTENIR UNE PLUS GRANDE MAJORITÉ ?

Compte tenu de l'importance du coût de la construction alimenté par les impôts et des coûts engendrés pour l'entretien et l'exploitation, dont il était également question dans la votation, le résultat était prévisible. À Zurich, on a bien fait de dire tout de suite aux gens le coût d'une extension aussi importante du Kunsthaus.

QUELLES SONT LES PERSONNES QUI ONT ÉTÉ DÉCISIVES POUR LA RÉALISATION DU PROJET VAINQUEUR ?

Depuis le début et de facto, les collaborateurs et collaboratrices que j'ai conviés à dialoguer sur les projets. Ils ont dit : Ce projet est super. Il tient compte du fonctionnement de notre entreprise. Cela a bien marché ; la ville de Zurich et le Kunsthaus ont par bonheur un bâtiment sur mesure – signé David Chipperfield.

DEPUIS LA PRÉSENTATION DE L'IDÉE EN 2002, L'OPINION PUBLIQUE EST DEVENUE PLUS CRITIQUE À L'ENCONTRE DES INSTITUTIONS. VOUS EST-IL JAMAIS VENU DES DOUTES SUR CE PROJET ?

J'ai parfois entendu dire qu'il n'y avait pas de « vision » pour le Kunsthaus. Je n'avais que faire de visions. Le projet a suivi un plan directeur s'appuyant sur de multiples paramètres soigneusement coordonnés, que j'ai suivis point par point avec les équipes. Il existait un plan B pour plusieurs de ces paramètres, mais dans l'ensemble, de nombreux éléments critiques devaient être traités avec soin et dans le respect des objectifs. Ce que nous avons réussi.

L'entretien avec Christoph Becker s'est déroulé le 27 juillet 2020, en présence de membres de la Zürcher Kunstgesellschaft – quatre mois avant la fin des travaux d'extension et quatorze mois avant la mise en service complète en octobre 2021. Les questions étaient posées par Björn Quellenberg.

—
[20] **Christoph Becker,** le directeur, a été chargé en 2000 d'agrandir le Kunsthaus. À cette fin, il a développé un plan qu'il a réalisé avec son équipe. Dans le comité directeur de la Einfache Gesellschaft Kunsthaus-Erweiterung, comme au sein de la commission de construction, il a représenté les intérêts artistiques et fonctionnels du Kunsthaus.

—
[19] **Björn Quellenberg,** responsable de la communication et du marketing, connaît le projet d'extension depuis le début. Conception du design, programme de communication et gestion des parties prenantes relèvent de son initiative. Au cours de la réalisation, il a représenté le Kunsthaus au sein du comité de communication de la maîtrise d'ouvrage.

« L'extension du Kunsthaus est en fin de compte un projet commun de presque tous les collaborateurs et toutes les collaboratrices, avec qui nous avons abordé et mis en pratique d'innombrables détails. »

QUELLE SERAIT PAR EXEMPLE UNE DE CES DONNÉES ?

Le concept fondamental de l'ouverture – marqué par un accroissement surdimensionné des surfaces à destination du public – était à la fois clair et flexible, si bien qu'il était possible de répondre à des modifications perceptibles dans la conception muséale internationale avec la construction. Nous avons constamment observé et intégré dans nos réflexions les impératifs sociétaux, politiques et culturels. Et nous avons choisi l'architecture du nouveau Kunsthaus de façon à ce que de telles modifications ne posent aucun problème pour l'avenir du bâtiment dans son ensemble, sur plus d'une génération.

LA MAÎTRISE D'OUVRAGE RELÈVE D'UNE COMMUNAUTÉ D'OBJECTIFS ENTRE LA ZÜRCHER KUNSTGESELL-SCHAFT, OPÉRATRICE ET UTILISATRICE DU KUNST-HAUS, LA VILLE DE ZURICH, QUI ALLOUE DES SUB-VENTIONS ET PEUT DE CE FAIT IMPOSER DES OBLIGATIONS ET DES OBJECTIFS, ET LA STIFTUNG ZÜRCHER KUNSTHAUS, QUI POSSÈDE ET ENTRETIENT LES BIENS-FONDS. QUELS CONFLITS SONT NÉS ET COMMENT ONT-ILS ÉTÉ RÉSOLUS ?

La répartition des tâches a fonctionné à merveille, grâce aussi aux personnes impliquées qui ont longtemps travaillé sur le projet, si bien qu'aucune expertise ne s'est perdue. La loyauté envers le projet et l'efficacité de la coopération ont été et restent étonnantes, et elles m'ont donné la certitude que ledit projet serait mené à bonne fin.

AVEZ-VOUS UN EXEMPLE DE PROBLÈME COMPLEXE DONT LA RÉSOLUTION A EXIGÉ UN CONSENSUS ?

Pour être honnête, il y a eu plus de décisions claires que de compromis. Nous savions ce que nous voulions, et nous l'avons formulé clairement. C'était déjà le cas pour la question du site d'implantation. La continuité de l'exploitation impliquait le choix de la Heimplatz et l'adjonction matérielle d'une extension à la structure préexistante. C'était visiblement une évidence, de sorte qu'il n'y a pas eu de différends fondamentaux. L'architecte y a lui-même contribué, en se montrant coopératif et innovant sur maintes questions délicates, jusque pour des détails comme le mur d'info numérique dans le secteur de l'entrée. Ce n'était pas un fonctionnement à la carte, nous respections le plan.

DE QUELS CÔTÉS Y A-T-IL EU UN SOUTIEN INATTENDU ?

De la part de nombreux donateurs et donatrices privés qui ont soutenu notre projet, parfois de façon extrêmement généreuse, presque tous venant de Zurich. Cela n'a jamais cessé de nous surprendre et de nous émouvoir. On découvre au passage qui se montre volontiers généreux et garde finalement fermés les cordons de sa bourse bien garnie. Mais ce n'étaient que quelques exceptions.

Y A-T-IL EU DES INTERDITS DANS LE CADRE DE L'ORGANISATION DU PROJET ?

Non. Les tabous sont des blocages, cela ne devait pas se produire. Nous avons abordé les résistances avec des arguments : et même si l'on n'a pas pu rendre justice à tout le monde, l'adhésion est aujourd'hui plus grande que jamais. Et je suis heureux que, malgré certaines tentatives de nous bloquer, malgré des chicanes occasionnelles, nous n'ayons pas perdu notre calme.

ÉCHECS, MALCHANCE, PANNES, IL Y EN A SUR TOUS LES CHANTIERS. ET CHEZ VOUS ?

À dire vrai, le processus de construction s'est déroulé sans frictions, grâce à la bonne organisation constante de la part de l'Office des constructions de Zurich, des architectes et de l'utilisateur, c'est-à-dire nous-mêmes. Par-dessus tout, les directions opérationnelles de l'Office des constructions et de la Kunstgesellschaft, sans oublier la direction de chantier ont travaillé à merveille : tous mes compliments !

L'ALCHIMIE PERSONNELLE ENTRE ARCHITECTES ET MAÎTRISE D'OUVRAGE A-T-ELLE JOUÉ UN RÔLE DANS L'EXÉCUTION ?

Il y avait une conception spatiale très détaillée, que les architectes ont pleinement mise en œuvre. Elle

reflète la qualité spécifique du Kunsthaus en tant que musée et institution d'exposition d'envergure internationale. Ma collaboration avec David Chipperfield et l'équipe d'architectes de Berlin a toujours été étroite et confiante, et toutes les questions ont été traitées et résolues rapidement. Il n'y a eu de dissension à aucun moment de la planification et de la mise en œuvre, si longues qu'elles aient été. David Chipperfield est bien le meilleur architecte de musée de notre époque.

Y A-T-IL DES TRAVAUX EXÉCUTÉS SUR COMMANDE PAR DES ARTISTES POUR LE KUNSTHAUS ?

La conception est axée sur le mouvement. Il existe toutefois quelques œuvres d'art que nous avons développées avec des artistes pour des lieux spécifiques, par exemple avec Lawrence Weiner pour les escaliers qui mènent au passage entre les bâtiments, et avec Pipilotti Rist pour la Heimplatz. On peut parler d'œuvres de commande, mais cela ne concerne à proprement parler que le modèle de financement.

QUELLES SONT LES PLUS BELLES RÉUSSITES DE CETTE EXTENSION DU KUNSTHAUS ?

Assurément l'effet du hall d'entrée, qui crée un espace intérieur extraordinairement imposant, et que les visiteurs et visiteuses tout comme le Kunsthaus peuvent utiliser pour des manifestations et des locations. Cet espace est le signe le plus visible de la transformation de l'institution et, dans le même temps, une affirmation de politique culturelle : voyez donc la grandeur et la beauté que peut avoir une maison pour l'art. Ce faisant, nous établissons aussi une référence esthétique pour un espace public. Et sans aucun doute, l'intégration de collections privées capitales et leur lien avec la collection considérable du Kunsthaus illustre la spécificité des étonnantes possibilités d'un musée suisse.

TANT DE PONDÉRATION ! OÙ SE CACHE LA PROVOCATION ? LE POTENTIEL D'EMPORTEMENT ?

Il ne s'agissait pas de cela. Il s'agit de créer pour les générations à venir quelque chose qui assure au

Kunsthaus Zürich une place nouvelle dans la concurrence internationale – assez haut, car c'est là qu'est sa place et il peut désormais le prouver.

QUELLES ŒUVRES NOUVELLEMENT PRÉSENTÉES ONT LE POTENTIEL DE LAISSER AUPRÈS DU PUBLIC UNE IMPRESSION DURABLE ?

Il y a à voir quantité d'œuvres que nous ne pouvions pas montrer depuis des décennies ; certaines ont été acquises dans la perspective des nouveaux espaces d'exposition. De l'art nouveau va également être présenté sur la Heimplatz. Peu de choses restent à leur place au Kunsthaus : des centaines d'œuvres d'art apparaissent dans de nouveaux espaces et sous une lumière nouvelle. Il y aura des surprises lorsque le rideau se lèvera sur la collection des deux côtés de la Heimplatz, c'est certain.

ON ATTEND DADA, DES FILMS, DES INSTALLATIONS, DAVANTAGE D'ŒUVRES D'ARTISTES FEMMES ET D'ART EXTRA-EUROPÉEN

Il y aura un peu de tout cela.

LE KUNSTHAUS NE REÇOIT DE L'ÉTAT QU'UN PEU MOINS DE LA MOITIÉ DE SON BUDGET. LES RECETTES PRIVÉES SONT DONC PARTICULIÈREMENT IMPORTANTES. QUELS SONT LES OBJECTIFS DU PLAN FINANCIER QUI AVAIT ÉTÉ ÉLABORÉ DÈS 2011 ?

Le haut degré d'autofinancement reste maintenu. Pour le bailleur de fonds, le Kunsthaus est une institution comparativement avantageuse. Dans le même temps, la Kunstgesellschaft reste dans une position d'indépendance, que nous apprécions particulièrement.

LE KUNSTHAUS EST TOUJOURS RESTÉ OUVERT, MALGRÉ LES TRAVAUX. LE FONCTIONNEMENT DES EXPOSITIONS S'EST POURSUIVI SANS RESTRICTION. NE RISQUE-T-ON PAS D'ÉPUISER UNE PARTIE DES RESSOURCES EN PERSONNEL, LORSQUE DE NOMBREUX DÉPARTEMENTS DU MUSÉE, EN PLUS DU TRAVAIL HABITUEL, DOIVENT PARTICIPER À LA PLANIFICATION ET À LA MISE EN ROUTE DU GRAND PROJET ?

C'est un défi et une chance pour toutes et tous d'y participer. L'extension du Kunsthaus est en fin de compte un projet commun de presque tous les collaborateurs et toutes les collaboratrices, avec qui nous avons abordé et mis en pratique d'innombrables détails. Nous avons recueilli leurs expériences parfois longues, leurs idées et leurs souhaits pour un musée meilleur. C'est déjà visible, et l'on remarquera bientôt plus encore à quel point le nouveau Kunsthaus fonctionne et se combine à merveille avec le bâtiment déjà existant. Le bâtiment Chipperfield est bien plus qu'une simple extension.

QUE MANQUE-T-IL ?

Il est quand même étrange que surgisse au cœur de la ville un ensemble urbanistique de si haut niveau, une place urbaine avec une architecture intéressante et beaucoup de mouvement, mais que l'aménagement de cette place continue d'apparaître comme un problème insoluble. Compte tenu de l'ouverture du bâtiment de Chipperfield, beaucoup d'habitantes et d'habitants de Zurich, tout comme sans doute le public étranger, s'en étonnent, et la question est de savoir si une solution sera trouvée prochainement. Mais nous verrons bien.

EN 2022, PREMIÈRE ANNÉE OÙ L'ON POURRA MESURER SI LE NOUVEAU KUNSTHAUS ATTEINT SES OBJECTIFS, VOUS ALLEZ PROGRESSIVEMENT PASSER LE RELAIS. DE QUELLE MARGE DE MANŒUVRE VOTRE SUCCESSION DISPOSERA-T-ELLE ENCORE, SUR LE PLAN DU PROGRAMME COMME DE L'EXPLOITATION ?

D'une très grande marge. La maison doit faire ses preuves. Les conditions sont là. Avec son extension, le Kunsthaus Zürich devient aussi clairement une institution de poids international. C'est un défi. La maison mérite une personnalité compétente et volontaire, qui jouisse de la confiance de la sphère politique, de la société, comme des collaborateurs et des collaboratrices. C'est la seule manière de diriger le Kunsthaus avec succès.

QUOI DE NEUF ?

—
Christoph Büchel, Hausmeister (Deutsche
Grammatik), 2008
Installation : matériaux de construction
et articles ménagers
294 x 954 x 722 cm

—
Katharina Fritsch, Frau mit Hund, 2004
Polyester, fer, aluminium, couleur
Hauteur : 176 cm (femme)

—
Lungiswa Gqunta, Lawn, 2017–2019
Verre, dalles, pétrole, couleur
336 x 483 cm

Christoph Büchel (né en 1966 à Bâle) s'est fait un nom depuis les années 1990 avec des projets conceptuels et des installations complexes. Ses œuvres prennent leur source dans l'actualité socio-politique. L'artiste suisse transpose ainsi des situations réelles dans l'espace artistique, transformant celui-ci en un arrangement destiné à illustrer les phénomènes de notre temps. Ses installations sont comme des collages tridimensionnels qui s'étendent généralement sur plusieurs salles et ont souvent quelque chose de troublant, de déconcertant.

« Hausmeister (Deutsche Grammatik) » (2008) est l'appartement de trois pièces d'un couple (fictif) de gardiens d'immeuble, coupé en deux par un mur. D'une part, l'œuvre rend extraordinairement tangible un sujet sensible de l'histoire allemande, à savoir la vie avec le Mur. D'autre part, l'œuvre reprend un article que Christoph Büchel a trouvé dans le journal « Bild », évoquant un couple déchiré au point de construire un mur à travers le domicile conjugal. Chez Büchel, ce qui est personnel est toujours aussi politique.

La question des frontières et des murs est récemment repassée au premier plan de l'actualité. Cet achat effectué en 2010 peut désormais être montré pour la première fois dans l'extension.

Katharina Fritsch (née en 1956 à Essen) est une artiste contemporaine majeure. Ses œuvres se trouvent dans de nombreuses collections publiques et privées. En amont de sa grande exposition individuelle au Kunsthaus Zürich en 2009, la Vereinigung Zürcher Kunstfreunde avait acquis un important groupe d'œuvres de l'artiste dédié, thématiquement, à la ville de Paris. À l'époque, l'achat avait déjà été effectué en vue de l'extension du musée. Le moment est venu : « Frau mit Hund » (2004) peut être présenté pour la première fois aux côtés d'autres œuvres d'art contemporain dans le nouveau bâtiment Chipperfield.

La partie centrale de l'œuvre est constituée d'une femme formée de coquillages roses avec un chien assorti. S'ajoutent à cela seize parapluies de couleur flottant au plafond et six grandes sérigraphies reproduisant des motifs de cartes postales de Paris. Il s'agit d'œuvres pouvant être présentées aussi bien individuellement qu'ensemble, comme une grande installation, et qui toutes dégagent une légèreté aérienne, suggérant le rococo, les châteaux français, l'art surréaliste, mais aussi les souvenirs bon marché du littoral. Avec « Frau mit Hund », Fritsch parvient à réunir des mondes complètement opposés dans un amalgame vivifiant de « high and low ».

Lungiswa Gqunta (née en 1990 à Port Elizabeth) est une jeune artiste sud-africaine qui s'est fait connaître avec des installations à la fois formellement convaincantes et politiquement engagées. Ses œuvres sont souvent inspirées du contexte sociopolitique de son pays d'origine, mais elles abordent aussi des thèmes d'importance et de portée mondiales – comme l'installation « Lawn » (2017-2019).

« Lawn » signifie pelouse, mais contrairement aux pelouses bien entretenues des classes supérieures, encore majoritairement blanches en Afrique du Sud, la pelouse de la gigantesque installation de Lungiswa Gqunta est constituée de bouteilles cassées, remplies d'un mélange explosif de pétrole et de peinture verte. L'artiste crée ainsi une image saisissante de l'exclusion et de l'injustice sociale, mais aussi de l'acte potentiel de résistance.

Dans le cadre de la reconfiguration des collections, l'installation sera montrée dans l'ancienne salle des nymphéas (Seerosensaal) du bâtiment Moser historique. La présentation fait partie des salles dites d'intervention qui sont réparties sur tous les bâtiments et questionnent les collections dans une perspective critique et ponctuelle.

[21] **Mirjam Varadinis,** commissaire d'exposition au Kunsthaus Zürich. Avec Philippe Büttner, conservateur des collections, elle est responsable de la réorganisation de l'art contemporain au sein de la collection.

Vingt projets pour un Kunsthaus – un seul pour Zurich

— 22 **Wiebke Rösler Häfliger,** présidente de la commission de construction, directrice de l'Office des constructions de la ville de Zurich

LE CONCOURS D'ARCHITECTURE, UNE GARANTIE DE QUALITÉ

Comment se présente une bonne architecture de musée ? Pourquoi le concept de David Chipperfield Architects a-t-il été retenu pour l'extension du Kunsthaus ? Qui en a décidé ainsi ? Ce sont là des questions que pourrait à juste titre se poser quelqu'un qui ne connaît pas le projet. En bref, la réponse est la suivante : le projet a été sélectionné dans le cadre d'un concours anonyme d'architecture. De cette manière, la maîtrise d'ouvrage a pu s'assurer que le projet réalisé était le meilleur possible et non le premier venu.

Compte tenu de son expérience dans ce domaine, c'est l'Office des constructions de la ville de Zurich qui a été chargé de l'organisation du concours. C'est donc lui qui a élaboré le programme du concours et les termes de la mission, à partir des principes établis par les participants au projet et les offices impliqués. Compte tenu des bâtiments historiques de la Heimplatz et de l'importance de cette place comme passage vers le quartier universitaire, les exigences en matière d'urbanisme et d'architecture étaient élevées. Les aspects fonctionnels et opérationnels étaient tout aussi cruciaux, car l'extension devait former une unité avec le Kunsthaus existant. Il fallait en outre que le projet soit exemplaire en termes de durabilité écologique et économique.

L'équité était entre autres garantie par la composition du jury : celui-ci rassemblait vingt personnalités du monde des affaires, de la culture, de l'architecture et de l'architecture du paysage, de la politique et de l'administration. Y étaient représentés des participants au projet aussi bien que des experts externes indépendants, de Suisse et de l'étranger. Comme l'on pouvait s'y attendre, le concours a connu une forte résonance internationale. Parmi les 214 candidatures, le jury a sélectionné vingt équipes pour participer à la procédure : neuf venaient de Suisse, huit d'Europe et trois du reste du monde. Les équipes ont soumis leurs projets de manière anonyme, en l'identifiant par un code. C'est seulement à l'issue des trois jours de délibération – lors de l'ouverture de l'enveloppe – que le projet gagnant, à savoir « Aglaia », est apparu comme étant celui de David Chipperfield Architects.

Depuis la fin du concours, j'ai eu en tant que présidente de la commission de construction la responsabilité du développement du projet avec l'équipe d'architectes et différents spécialistes de la construction et de l'exploitation. Notre rôle était de porter la qualité de la conception jusqu'à la maturité architecturale puis de la mettre en œuvre.

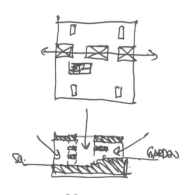

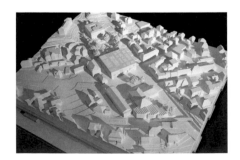

La qualité architecturale dans
le processus de construction

–

La maquette de la façade sur
le chantier aide la commission
de construction et l'équipe
d'architectes à trouver la maté-
rialisation adaptée.

–

Une pierre naturelle a été
retenue : le calcaire de Liesberg,
provenant du canton de Bâle-
Campagne, répond à toutes
les exigences pour la façade
du nouveau bâtiment.

–

La façade est soigneusement
recouverte de dalles en pierre
préalablement taillées sur le
site de la carrière.

31

GÉRER UN PROJET : UN TRAVAIL D'ÉQUIPE

—
Grâce à la qualité de leur coopération, l'équipe du projet a contribué de manière significative à la réussite du nouveau bâtiment. Rahel Fiechter, directrice générale de la maîtrise d'ouvrage, avec Niels Hochuli, directeur général de la construction (à gauche) et Dag Vierfuss, chef de projet utilisateur/opérateur (à droite).

—
6 H 30

En chemin, entre un café et mes premiers mails, je réfléchis aux points les plus importants de mon allocution pour la visite du site ce soir. En tant qu'architecte de l'Office municipal des constructions, je représente les intérêts de la maîtrise d'ouvrage dans l'extension du Kunsthaus et suis responsable de la gestion du projet. En substance, cela signifie : mener le projet avec pour objectif d'en respecter les coûts, la qualité et les délais.

—
7 H 30

Au bureau, première réunion avec notre responsable du service des marchés publics pour clarifier les aspects juridiques des appels d'offres. Il faut traiter environ 450 appels d'offres avec 150 contrats.

—
8 H

Je voulais commencer par établir le bilan provisoire destiné au comité directeur supérieur, qui veut être régulièrement informé de l'évolution des coûts et du calendrier, des risques du projet et des moyens de les éviter, mais je suis interrompue par un appel téléphonique.

—
8 H 17

L'équipe de planification est mécontente : apparemment, certaines entreprises ne respectent pas le contrat des prestations à fournir, ce qui engendre un risque de surcoûts. La formation que j'ai suivie en médiation s'avère une fois de plus utile. J'ordonne une

réunion extraordinaire pour le lendemain et rédige un avertissement et une réclamation.

—
9 H 30

Une gestion rigoureuse des coûts, comprenant des instruments de contrôle, me permet de garder une vue d'ensemble. Les demandes supplémentaires des entreprises et des planificateurs doivent être vérifiées ; des cycles de négociations sont nécessaires pour que la maîtrise d'ouvrage ne soit pas impactée.

—
10 H

Nous entamons la 198ᵉ réunion d'équipe, que je suis chargée de préparer et de diriger. La collaboration avec Dag Vierfuss, responsable de projet côté Kunsthaus Zürich, et Niels Hochuli, directeur général de la construction de l'équipe de planification, fonctionne très bien. De par nos positions, nos compétences professionnelles, et grâce à notre expérience dans la gestion de projets de grande envergure, nous travaillons main dans la main et formons une équipe efficace. La réunion se termine à midi pile.

—
13 H

Je parviens enfin à rédiger le rapport sur l'état d'avancement. Bonne nouvelle pour la maîtrise d'ouvrage : le budget de 206 millions de francs suisses

devrait a priori être respecté – mais six mois s'écouleront encore avant que le bâtiment ne soit achevé, fin 2020.

—
14 H 15

La 68ᵉ réunion de la commission de construction doit être mise en place. J'en parle avec notre directrice, Wiebke Rösler Häfliger, qui la préside. Les éléments nécessaires à la prise de décision doivent être communiqués aux membres dans les temps.

—
15 H 10

Pendant que je traite les mails, mon collègue du service Architecture durable me contacte. Dans le cadre de la gestion de la qualité de la part de la maîtrise d'ouvrage, il a effectué pour mon compte une inspection du chantier et vérifié que les matériaux de construction sont conformes aux spécifications écologiques. Tout va bien.

—
16 H 20

L'entreprise de ventilation a déposé son bilan, elle stoppe les travaux avec effet immédiat. Je dois aussitôt agir et trouver une solution de remplacement pour éviter tout retard dans le calendrier.

—
DE 18 H À 19 H

La visite du chantier est une belle façon de clore la journée. La diffusion du savoir fait elle aussi partie des projets d'envergure.

2000 WHAT ?

UN MUSÉE POUR UNE SOCIÉTÉ À 2 000 WATTS

—
28 **Thomas Kessler,** Office des constructions de la ville de Zurich, service Architecture durable

Quiconque visitera le nouveau bâtiment du Kunsthaus remarquera à peine qu'il s'agit d'un musée écologiquement exemplaire. Après tout, ce sont l'art et le public qui sont au centre. Les mesures structurelles et opérationnelles visant à accroître la durabilité ne sont donc pas directement visibles, ou bien elles sont considérées comme allant de soi, telles les fenêtres : la lumière du jour qui pénètre dans le bâtiment apporte une contribution importante à l'économie d'électricité. Le concept énergétique sur lequel se fonde l'extension va bien au-delà de cet exemple et il définit intrinsèquement le caractère écologique pionnier de cette nouvelle architecture. Le contexte est donné par les objectifs de la société à 2 000 watts, qui sont politiquement ancrés dans la ville de Zurich, selon la volonté de la population. Par conséquent, ces objectifs ont été repris dans la planification et la réalisation de l'extension du Kunsthaus.

Cela signifie que les besoins totaux en énergie pour la construction et l'exploitation du bâtiment ont été considérablement réduits par rapport aux musées existants. En termes d'émissions de gaz à effet de serre, cela revient à une réduction par quatre. On économise ainsi quelque 1 300 tonnes de CO_2 par an, ce qui correspond à environ 400 000 litres de mazout, le Kunsthaus n'utilisant toutefois que des énergies renouvelables.

Musées récents comparables
120 kg de CO_2 par m² de surface de référence énergétique et par an

ÉMISSIONS DE GAZ À EFFET DE SERRE ISSUS DE LA CONSTRUCTION ET DE L'EXPLOITATION DE L'EXTENSION DU KUNSTHAUS

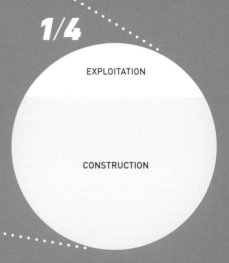

1/4

EXPLOITATION

CONSTRUCTION

Nouveau bâtiment du Kunsthaus
Réduction des émissions par quatre

Forme du bâtiment

La forme compacte, c'est-à-dire le rapport équilibré entre l'enveloppe du bâtiment et son volume, permet d'économiser les matériaux de construction et donc de réduire l'énergie grise. En outre, 98 % du béton utilisé est constitué de béton recyclé à base de ciment bas carbone.

Lumière

L'éclairage constituant l'un des plus gros consommateurs d'énergie dans la plupart des musées d'art, le nouveau bâtiment est conçu pour utiliser au maximum la lumière du jour. Celle-ci pénètre à l'intérieur des étages inférieurs par des verrières aux dimensions généreuses. Au dernier étage, de grands puits alimentent les salles d'exposition en lumière naturelle – en quantité modérée, bien sûr, pour protéger les œuvres d'art. Si la lumière du jour n'est pas suffisante, l'éclairage artificiel s'allume automatiquement et dose la lumière à bon escient dans les zones d'exposition. Une technologie LED à faible consommation d'énergie est utilisée dans tout le bâtiment, ce qui améliore également la qualité du rendu des couleurs.

Climat intérieur

Grâce à son mode de construction compact et à son excellente isolation thermique, le bâtiment en tant que tel offre un climat intérieur équilibré. Les besoins en chauffage et en climatisation sont donc très réduits. Des capteurs sensibles dans chaque pièce de l'extension permettent de détecter la présence de personnes. Grâce à un contrôle précis et à une technologie sophistiquée, les œuvres d'art délicates bénéficient toujours de conditions adaptées. Pour réguler la température, un astucieux système de conduits a été inséré dans les murs et les plafonds, qui alimente ou réduit la chaleur des pièces selon les besoins. Pour ce faire, des pompes à chaleur très efficaces, via des sondes géothermiques, utilisent les soubassements du bâtiment comme accumulateur de chaleur et de froid. Ce transfert de chaleur dans les deux sens ne nécessite qu'une fraction de l'énergie d'un système de chauffage et de refroidissement classique.

Ventilation

Outre l'apport d'air frais, les systèmes de climatisation veillent principalement à l'hygrométrie dans le musée. Un système de contrôle précis garantit que chaque pièce reçoit la bonne quantité d'air frais avec une hygrométrie équilibrée. D'une part, ceci permet d'assurer le confort du public. D'autre part, les exigences de conservation des précieuses œuvres d'art sont ainsi respectées. Les systèmes de climatisation ne fonctionnent que lorsque cela est vraiment nécessaire. Leur consommation d'énergie est donc minimale.

Électricité

Le nouveau bâtiment fonctionne exclusivement à l'électricité renouvelable. Cette électricité provient des centrales hydroélectriques suisses. Ne sont utilisées ni énergie fossile ni énergie nucléaire. Environ 10 % de la consommation d'énergie peut être générée par des systèmes photovoltaïques placés sur le toit. Le reste de la surface du toit est utilisé pour laisser entrer autant de lumière du jour que possible dans les salles d'exposition du deuxième étage, ce qui a là aussi un effet positif sur la consommation d'électricité.

« Pipilotti Rist est vidéaste depuis trente ans, artiste peintre du son et de la lumière colorée, activiste séduisante des émotions et des sentiments. Elle liquéfie les murs et les angles avec une douce intrépidité ; en allumant la lumière et les projecteurs, elle accomplit un geste libérateur numérique et transforme les murs en un déferlement d'univers visuels. »

[24] **Jacqueline Burckhardt**

TASTENDE LICHTER
QUAND LA LUMIÈRE CARESSE LES BÂTIMENTS

—
[23] **Nike Dreyer**

En 2015, lorsque Pipilotti Rist a monté son exposition au Kunsthaus Zürich, elle voulait faire revivre l'idée architecturale du Kunsthaus de Karl Moser : l'art devait aussi avoir sa place en dehors du musée. À cette fin, elle a transformé un relief de Carl Burckhardt et le toit en verre du Kunsthaus en surface de projection. C'est ainsi qu'a vu le jour la première étape des « Tastende Lichter » en 2016, et depuis, l'installation illumine l'architecture la nuit. En 2020, comme cela était initialement prévu, elle a élargi le travail en l'augmentant d'une deuxième partie, de nouveau avec le soutien de la conceptrice de lumière Kaori Kuwabara : les « Tastende Lichter » relient ici toutes les façades des bâtiments adjacents de la Heimplatz – le Kunsthaus, son extension et le Schauspielhaus –, les caressant lentement au moyen de surfaces lumineuses circulaires de différentes couleurs et d'une nouvelle projection en relief*.

Pipilotti Rist ajuste le rapport entre art lumineux et espace urbain : une partie de son intervention est la conception d'un mât qui sert d'ancrage central, tant sur le plan artistique que pratique. D'une part, ce mât répond à toutes les exigences techniques de la ville – il inclut également les luminaires requis dans le cadre du concept d'éclairage urbain « Plan Lumière » – et, d'autre part, il constitue un élément sculptural. Avec sa courbe douce, sa partie supérieure de forme organique et son jeu de couleurs saisissant, il devient, surtout en journée, un totem porteur d'espoir. L'ensemble offre un programme apaisant au sein duquel toute la Heimplatz devient une unité, la nuit grâce aux surfaces lumineuses, et le jour grâce à la sculpture.

—
Dessins de [25] **Pipilotti Rist**, rendus de Mara Meerwein, échantillon de couleurs du mât avec [26] **Kaori Kuwabara**, collage de Thomas Rhyner.

—
* La première partie de l'œuvre « Tastende Lichter » au Moserbau a été commandée par le Kunsthaus Zürich. La deuxième partie sur la Heimplatz a été réalisée sur commande de la maîtrise d'ouvrage de l'extension du Kunsthaus, placée sous la direction de [27] **Karin Frei Bernasconi**, et financée par le crédit de construction.

Le nouveau Kunsthaus et la ville de Zurich

L'extension du Kunsthaus va marquer la ville de Zurich. André Odermatt, chef du Département des constructions, et Christina Schumacher, professeure en sciences sociales, examinent dans un entretien avec Anna Schindler, directrice de l'urbanisme, en quoi le bâtiment de cette extension crée un nouvel espace public, correspond à Zurich et pourra rayonner au-delà même de la ville.

Anna Schindler

L'EXTENSION DU KUNSTHAUS EST PLUS QU'UN SIMPLE BÂTIMENT. IL S'AGIT DE FAIRE NAÎTRE UN ESPACE PUBLIC ATTRACTIF, EN COMBINAISON AVEC LA HEIMPLATZ ET LE JARDIN DES ARTS. DANS LA DÉCENNIE À VENIR, CE MÊME SECTEUR SERA CEPENDANT MARQUÉ PAR LES CHANTIERS LIÉS AU DÉVELOPPEMENT DU QUARTIER UNIVERSITAIRE. COMMENT, DANS CES CONDITIONS, L'ATTRACTIVITÉ DU SITE PEUT-ELLE QUAND MÊME SE DÉVELOPPER POUR LE PUBLIC ET LA POPULATION ?

André Odermatt

Les véhicules de chantier vont bien sûr encombrer le quartier pendant un certain temps. Mais la force née de l'extension du Kunsthaus exerce déjà son effet. Avec le nouveau bâtiment, le « Pfauen » trouve enfin ses véritables contours : le musée existant a trouvé un vis-à-vis et la Heimplatz devient une vraie place.

Christina Schumacher

Le nouveau Kunsthaus et la Heimplatz forment un « gué », un premier passage vers l'axe culturel de la Rämistrasse. La population peut constater que quelque chose, ici, est en devenir. À partir de l'année prochaine, l'extension du Kunsthaus sera accessible au public. La Heimplatz n'aura pas encore le caractère souhaité, mais un changement se dessine d'ores et déjà. Pour le quartier des universités, c'est une bonne chose que le Kunsthaus ait cette avance.

Anna Schindler

SUR LA HEIMPLATZ SE DÉVELOPPE UN LIEU CULTU-REL DÉJÀ DOTÉ D'UN CENTRE AVEC LE KUNSTHAUS, AVANT MÊME QUE L'AXE CULTUREL NE SOIT ENTI-ÈREMENT RÉALISÉ. POUR L'HEURE, LE NOUVEAU KUNSTHAUS SE TROUVE SEUL. IL DOIT CONSTITUER UN PORTAIL D'ACCÈS QUI N'EST PAS ENCORE PER-CEPTIBLE EN L'ÉTAT. CE N'EST PAS UNE SITUATION URBANISTIQUE SIMPLE.

André Odermatt

Le bâtiment de l'extension est à la fois amorce et portail de cet axe culturel. Pour le moment, le secteur de la Rämistrasse est encore plongé dans une douce torpeur,

[30] **André Odermatt** est conseiller municipal et chef du Département des constructions de la ville de Zurich.

[31] **Christina Schumacher** est professeure en sciences sociales et directrice de recherches à l'institut d'architecture de la Fachhochschule Nordwestschweiz.

[32] **Anna Schindler** est directrice de l'urbanisme à la ville de Zurich.

« Le nouveau Kunsthaus est très zurichois, il est ici à sa place. Discret, et pourtant fort. »

les quelques lieux culturels existants n'y sont pas beaucoup pris en considération. Dans ce contexte, le nouveau Kunsthaus donnera une impulsion décisive. Petite ombre au tableau : l'aménagement de la Heimplatz n'est réalisé qu'a posteriori. Toutefois, même si tout n'est pas parfait, l'organisation spatiale fonctionne déjà, surtout l'ouverture de l'extension ; sa transparence rayonne déjà aujourd'hui sur l'ensemble de la place.

Christina Schumacher

Il existe un lien visuel nouveau entre les bâtiments. Il est toutefois capital que la Heimplatz, aujourd'hui nœud de trafic, évolue pour devenir un pôle urbain animé. Pour l'instant, les gens demandent encore : Heimplatz ? Où est-ce ? La place est écrasée. La transformation doit être perceptible, même si le trafic subsiste. Il faut souhaiter que la population découvre les qualités de cette place, encore cachées pour l'instant, et exige pour l'avenir davantage d'espace de loisir aux dépens du trafic.

André Odermatt

Une heureuse coïncidence est née des longues discussions sur les dimensions du nouveau bâtiment, avec la réduction et la mise en retrait de l'extension. Ainsi s'est créé un parvis qui donne davantage d'espace à la place – surtout lorsque le nouveau Kunsthaus bar installe ses tables et ses chaises à l'extérieur. Avec le réaménagement de la place, le Schauspielhaus profite lui aussi d'un peu plus d'espace devant son entrée. Les rues seront moins dominantes à l'avenir, le caractère même de la place sera perceptible.

Anna Schindler

LA QUESTION DU BAR SUR LE PARVIS EST TRÈS IMPORTANTE. CE QUI SE PASSE ICI N'A PAS ÉTÉ RÉALISÉ D'EMBLÉE, PAR EXEMPLE, DANS LE DEUXIÈME LIEU CULTUREL PLUS RÉCENT, À SAVOIR LE SITE DU LÖWENBRÄU-AREAL, À ZURICH-OUEST. ON CRÉE ICI UNE OUVERTURE VERS L'EXTÉRIEUR EN GUISE D'INVITATION À ENTRER DANS LE BÂTIMENT, ET L'ON S'ADRESSE À TOUT LE MONDE.

39

Christina Schumacher

C'est le point décisif. Le nouveau Kunsthaus est conçu comme un bâtiment public et c'est aussi ce qu'il exprime. En passant par le hall public, j'arrive dans le quartier universitaire par le jardin des Arts. Le bâtiment permet un accès au grand public. Pour le développement du quartier universitaire, la perméabilité et les possibilités de traversée sont les concepts clés.

André Odermatt

Le bâtiment, avec son caractère public, donne le ton pour le quartier universitaire. Il formule une proposition quant à l'aspect que peut prendre le décloisonnement.

Christina Schumacher

Nos villes, plus denses et plus peuplées, ont besoin d'espaces intérieurs ouverts. L'échange entre espaces intérieurs et extérieurs donne naissance à de nouveaux espaces urbains. Une prouesse que l'extension du Kunsthaus est à même de réaliser.

Anna Schindler

L'EXTENSION CRÉE UN NOUVEAU CENTRE CULTUREL AU PIED DU ZÜRICHBERG. À ZURICH-OUEST, DE TELS CENTRES CULTURELS ET ARTISTIQUES EXISTENT DÉJÀ AVEC LE LÖWENBRÄU-AREAL ÉVOQUÉ AUPARAVANT ET LE SCHIFFBAU. LA QUESTION SE POSE DE LA COEXISTENCE ENTRE LES DEUX. LA VILLE DE ZURICH EST-ELLE SUFFISAMMENT GRANDE POUR ACCUEILLIR DEUX PÔLES DE CE GENRE ?

Christina Schumacher

Ce sont des lieux totalement différents. À Zurich-Ouest, je suis dans un secteur de divertissement, c'est branché, c'est « hype ». Du côté de la Heimplatz, je me trouve dans le centre traditionnel de Zurich, à proximité de la vieille ville. En termes d'urbanisme, il est primordial que ces lieux conservent leurs caractères propres. Il est souhaitable pour Zurich de développer deux, voire plusieurs pôles.

André Odermatt

La ville de Zurich a suffisamment de place pour deux sites culturels. À Zurich-Ouest, je m'attends à de l'art

d'aujourd'hui, de l'art dernier cri. Au Kunsthaus ou au Schauspielhaus, je vais plutôt assister à des manifestations plus « classiques » ou profiter de la fabuleuse collection d'art. Ce n'est donc pas « l'un ou l'autre », mais plutôt « l'un et l'autre ». Une ville se caractérise en fin de compte par sa diversité, non par son uniformité. C'est de la diversité des profils que naît une émulation enrichissante et féconde. Chacun des deux pôles doit trouver sa propre identité, développer de nouvelles idées et rester attractif.

Anna Schindler

LE DANGER RESTE TOUTEFOIS QUE ZURICH-OUEST SOUFFRE DE LA FORCE DU NOUVEAU PÔLE CULTUREL. D'AUTANT QUE L'OUEST DE LA VILLE DOIT ENCORE FORTEMENT ÉVOLUER DANS LES ANNÉES À VENIR.

Christina Schumacher

Je vois ça plutôt comme une impulsion donnée pour prolonger activement le développement.

André Odermatt

Quelque chose s'est déjà passé en ce sens : sur le site du Löwenbräu-Areal, par exemple, un petit restaurant en plein air existe déjà. Peut-être faut-il de la concurrence pour prendre conscience de la nécessité de proposer davantage que des expositions fortes. Mais je ne crois pas que le site ait à en souffrir. Zurich-Ouest se positionne autrement, c'est un lieu, comme toute galerie ou tout offspace, qui doit toujours se réinventer. Cela vaut peut-être un peu moins pour le Kunsthaus et sa collection.

Christina Schumacher

Le Kunsthaus lui aussi se positionne fortement par ses expositions : il se dit bien « maison de l'art » et non « musée d'art ». Les deux sites n'attirent pas des publics fondamentalement différents. Cela stimule la concurrence.

Anna Schindler

L'EXTENSION EST UN TRÈS BEL ÉDIFICE, MAIS EN UN CERTAIN SENS IL N'EST PAS VRAIMENT SPECTACULAIRE. CE N'EST PAS UN « SIGNATURE

BUILDING », COMME LE GUGGENHEIM DE BILBAO OU L'EXTENSION DE LA TATE MODERN À LONDRES. IL SE MONTRE PLUTÔT RÉSERVÉ, CE QUI EST PEUT-ÊTRE TYPIQUEMENT ZURICHOIS. COMMENT L'ARCHITECTURE PEUT-ELLE TOUTEFOIS RAYONNER AU-DELÀ DE ZURICH ET PROCURER AU KUNSTHAUS UNE RENOMMÉE INTERNATIONALE EN TANT QUE MUSÉE ?

André Odermatt

Il y a deux aspects. D'un côté, les collections et les expositions, qui positionnent le Kunsthaus. De l'autre, l'architecture. À Bilbao, c'est un ovni qui s'est posé. Le nouveau Kunsthaus, en revanche, est très zurichois. Il est ici à sa place. Il joue avec la tonalité de la ville de Zurich, avec le grès discret. Et pourtant, c'est un lieu fort, qui se prête tout à fait à la mise en scène photographique. À Bilbao, on parle surtout du bâtiment et moins de l'art. C'est peut-être la différence et la grande force de cette extension : l'édifice de Chipperfield s'offre à l'art, il ne se met pas lui-même au premier plan.

Christina Schumacher

Le nouveau bâtiment est propre à la ville, non à l'architecture en général, il ne se met pas en scène et ne renvoie pas d'abord à son auteur. J'y vois là un effet plus durable que dans la production d'une signature architecturale. C'est aussi pour cette raison que je ne parlerais pas de « bâtiment Chipperfield » : un « Chipperfield » est bien moins zurichois, par exemple, que le bâtiment adjacent à l'Opéra, ironiquement appelé « fromage d'Italie » (Fleischkäse). Je suis curieuse de l'accueil que fera la population à l'extension du Kunsthaus et du surnom qui lui sera donné.

Anna Schindler

À DIFFÉRENTES REPRISES, ON A D'ABORD REPROCHÉ AU NOUVEAU KUNSTHAUS DE RESSEMBLER À UN BUNKER. MAIS AUJOURD'HUI, C'EST UN ÉLÉGANT ÉDIFICE QUI SE DÉVOILE EN FILIGRANE À TRAVERS LES ÉCHAFAUDAGES, COMME UN PAPILLON SORT DE SON COCON. LES REMARQUES DE LA POPULATION, DES PASSANTES ET DES PASSANTS, MONTRENT QUE LE BÂTIMENT SURPREND ET PLAÎT. MAIS COMMENT FAIRE POUR QUE LEDIT BÂTIMENT ET L'ENSEMBLE DU SITE SOIENT ACCEPTÉS DURABLEMENT PAR LE QUARTIER ET LA VILLE ?

Christina Schumacher

Je crois qu'on ne pourra répondre à cette question que lorsque l'ensemble sera entièrement accessible et que le caractère public du grand hall sera également perceptible pour les visiteurs et les visiteuses. Quand on pourra voir de ses propres yeux la beauté et la valeur des matériaux employés et avec quel soin ils ont été mis en œuvre. La population a besoin de temps pour découvrir véritablement un tel bâtiment et se l'approprier.

André Odermatt

Il y a eu en amont de nombreuses réunions et conférences dans le quartier, des groupes de discussion, un échange professionnel avec des architectes. Il est typique pour Zurich qu'un projet de construction se heurte au départ à de nombreuses critiques. Il faut alors chercher le dialogue, surtout pour de si grosses opérations dont on redoute rapidement qu'elles écrasent les structures déjà existantes. Ce même dialogue a d'ailleurs fait que le volume de l'extension a été réduit et placé légèrement en retrait. Cela a nettement favorisé sa réception dans le quartier. J'ai reçu un grand nombre de retours positifs. Il convient aussi de reconnaître que l'équipe d'architectes s'est prêtée à ce débat et qu'elle s'est montrée attentive aux réactions et aux commentaires.

Anna Schindler

PEUT-ÊTRE LE NOUVEAU KUNSTHAUS CONNAÎTRA-T-IL, DANS L'OPINION PUBLIQUE, UNE ÉVOLUTION SEMBLABLE À CELLE DE LA PHILHARMONIE DE L'ELBE ? APRÈS DES ANNÉES DE DURES CRITIQUES, LES HAMBOURGEOISES ET HAMBOURGEOIS SONT À PRÉSENT TELLEMENT ENCHANTÉS DE LEUR « ELPHI » QU'UNE COLONNE QUOTIDIENNE LUI EST CONSACRÉE DANS LE « ABENDBLATT ».

André Odermatt

Il y a eu un intense débat de votation, suscitant de grandes discussions, mais les Zurichoises et les Zurichois ont fini par dire « oui ». Il se peut que le

«Au lieu de quelques bâtiments spectaculaires isolés, Zurich offre un cortège varié de bâtiments et sites intéressants.»

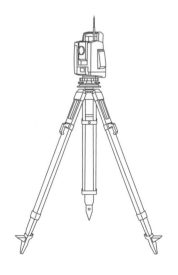

processus d'appropriation ait en partie déjà eu lieu à travers ces échanges et discussions. En tout état de cause, la population a obtenu deux cadeaux : un bâtiment de Chipperfield très zurichois et un nouveau grand espace vert.

Christina Schumacher

Il est important et normal qu'un bâtiment si grand et si coûteux suscite des controverses. Le propre d'une ville libre et démocratique est que la critique et les points de vue différents puissent s'y exprimer. C'est ce qui rend la démarche aussi intéressante.

André Odermatt

Il y a des gens qui disent qu'il n'en ressort que de piètres résultats. Je ne suis absolument pas de cet avis. Le Kunsthaus a énormément gagné dans ce dialogue. On le voit aussi dans le quartier universitaire, dont le développement à venir s'accompagne lui aussi d'une concertation intense avec la population locale et la politique.

Christina Schumacher

Le débat sur la collection Bührle me paraît lui aussi important. La ville et le canton ont lancé une recherche sur la contextualisation de la collection afin de retracer l'histoire de sa formation, des fonds avec lesquels elle a été financée. Il s'agit là aussi de débattre avec la population, de l'impliquer. Pour moi, c'est typiquement zurichois.

Anna Schindler

LE NOUVEAU KUNSTHAUS CORRESPOND BIEN À ZURICH, NOUS SOMMES D'ACCORD, ET IL REPRÉSEN-TE UNE PLUS-VALUE POUR LES ZURICHOIS ET LES ZURICHOISES. MAIS IL N'EST PAS SEULEMENT QUESTION DE LA POPULATION ZURICHOISE QUI PEUT AINSI S'APPROPRIER DE NOUVEAUX ESPACES UR-BAINS. L'EXTENSION DEVRAIT SURTOUT RENFORCER INTERNATIONALEMENT LA POSITION DE ZURICH COMME VILLE DE CULTURE.

André Odermatt

Il s'agit ici de promouvoir un lieu comme ville de culture et d'architecture. L'architecture de Zurich a très bonne réputation. Elle n'attire peut-être pas les grandes masses touristiques, mais elle est extrêmement intéressante pour un public spécialisé. Le Kunsthaus ne suffit pas à lui seul à augmenter cela, mais c'est une autre pièce importante du puzzle, dans une offre d'ensemble très attrayante. En séjournant moi-même dans d'autres villes, j'ai remarqué une chose : à Zurich, nous pouvons faire mieux en matière de visites. On est très focalisé ici sur la vieille ville et les institutions culturelles. Dans le quartier universitaire, en revanche, il n'y a presque pas de touristes, bien que l'ETH et l'université ne manquent pas d'intérêt avec leurs espaces intérieurs librement accessibles.

Christina Schumacher

Dans le quartier universitaire existent de nombreuses offres publiques intéressantes, qui restent à peine connues, par exemple le Musée zoologique ou la bibliothèque de la faculté de droit de Santiago Calatrava. Au lieu de quelques bâtiments spectaculaires isolés, Zurich offre un cortège varié de bâtiments et sites intéressants.

André Odermatt

C'est précisément là l'une des grandes qualités de notre ville – y compris au niveau international : elle offre une vision d'ensemble cohérente, au lieu d'ovnis architecturaux dispersés.

« Le bâtiment, avec son caractère public, donne le ton pour le quartier universitaire. Il formule une proposition quant à l'aspect que peut prendre le décloisonnement. »

Un espace libre pour Zurich

LE KUNSTHAUS, MAISON DE L'ART ET ESPACE DE LIBERTÉ.

[33] **Peter Haerle,** directeur de la culture de la ville de Zurich

L'extension du Kunsthaus Zürich au cœur de la ville ouvre un espace aux idées, à l'imaginaire : que doit-il se passer ici ? Que faut-il montrer ? Et surtout : quels sont les publics et les thèmes à qui ces espaces vont bénéficier ?

Avant, tout était relativement simple : il y avait un directeur – au masculin exclusivement – et peut-être encore une commission des collections qui déterminait à huis clos ce qui devait être montré au Kunsthaus. Les canons dictaient ce qui compte dans l'art, et la société acquiesçait. Au Kunsthaus, les mêmes tableaux ont été accrochés au même endroit pendant des dizaines d'années pour éviter toute surprise déroutante à celles et ceux qui, de six mois en six mois, venaient visiter les salles du musée. La relation entre le musée et le public se faisait de haut en bas : le grand art en haut, le public admiratif en bas.

Aujourd'hui, le monde est différent et les musées ont une nouvelle fonction à remplir. La nature de cette fonction et la manière dont elle doit être remplie doivent constamment se renégocier. Le musée doit être un baromètre culturel. Ce qui suppose l'ouverture et la volonté de dialogue – sans pour autant renoncer à une personnalité propre.

Avec les effets de la mondialisation, la société est devenue plus diverse, le canon classique tend à disparaître. Les gens posent des questions, ils ont envers les musées des souhaits et des exigences : où est l'art des femmes ? Où est l'art des autres cultures ? Où est l'art numérique ? Où est l'art de Zurich ? Ils interrogent aussi l'institution « Kunsthaus » dans ses fondements : quel rôle l'art joue-t-il dans la société ? Quelles sont les questions auxquelles il peut répondre ? En quoi l'art me concerne-t-il ?

L'extension du Kunsthaus est une formidable occasion d'aborder ces questions et de les faire fructifier dans une perspective artistique. Pour ce faire, la direction et le conseil d'administration du musée devront s'engager avec inspiration et passion dans un dialogue avec toutes les parties prenantes : commissaires d'exposition, personnel du musée, artistes et public. Les conditions architecturales sont idéales pour cette démarche. Quel meilleur endroit pour un tel échange que ce bâtiment spacieux avec son vaste hall, nouvelle « piazza » de Zurich ?

Le musée est un espace libre créé PAR le public POUR le public. Dans cet espace, les conventions qui nous déterminent, nous guident et parfois nous oppriment au quotidien sont suspendues. Le Kunsthaus – ancien et nouveau – nous appartient à toutes et à tous. Et nous en faisons toutes et tous partie.

44

CHRONIQUE
DE 2001 À 2020
—

Établie par Björn Quellenberg

20
01
—

CONSULTATION DES EXPERTS

Le Kunsthaus Zürich organise au printemps 2001 une consultation internationale d'experts. Le but de cette opération est d'assurer une large audience au processus envisagé de réorientation du musée et d'étudier la possibilité d'une extension architecturale jusqu'en 2010. Les consultants sont majoritairement d'avis que les fondamentaux du Kunsthaus sont excellents : une solide structure juridique, la conjonction d'une collection d'importance nationale et d'une activité d'exposition à rayonnement international, un bon ancrage du musée dans la vie publique et l'accroissement constant du nombre des membres de la Zürcher Kunstgesellschaft sont autant d'indicateurs en faveur de l'extension du Kunsthaus. L'unanimité des avis, tant ici que du côté des instances politiques et culturelles de la ville et du canton, conforte les équipes du Kunsthaus dans leur décision de lancer le projet d'une extension du musée sur la Heimplatz.

ÉBAUCHE DU PROJET

À l'hiver 2001, la direction élabore avec les commissaires d'exposition de l'institution une ébauche de projet qui est présentée au public en mai 2002, à titre d'information, en collaboration avec la Stiftung Zürcher Kunsthaus et la municipalité. Cette ébauche de projet mentionne les raisons qui justifient la nécessité d'une extension, en priorisant les secteurs suivants : collection et exposition, médiation culturelle et bibliothèque, restauration. Le lieu envisagé est la Heimplatz.

20
02
—

LES QUESTIONS D'URBANISME

À l'été 2002, l'Office d'urbanisme et l'Office cantonal des constructions organisent une consultation sur l'évolution à venir du quartier universitaire, dont font partie le Kunsthaus aussi bien que la zone scolaire cantonale à proximité de la Heimplatz. Le souhait exprimé par le musée d'utiliser la partie inférieure de ce secteur est appuyé par une décision du conseil gouvernemental en date du 6 mars 2002 et par des entretiens

entre le maire de la ville, le conseil gouvernemental de la Justice et de l'Intérieur et le président de la Zürcher Kunstgesellschaft.
—

L'ÉTUDE MCKINSEY

À l'automne 2002, la direction élabore une étude préliminaire pour l'extension du Kunsthaus, évaluée d'août à octobre dans le cadre d'une étude pro bono par McKinsey & Company, et complétée par de très nombreuses données chiffrées. Il s'agit d'une étude de faisabilité comportant trois volets : business plan, financement (investissement et coûts d'exécution) et stratégie de communication.

20
03
—

LE PROJET D'EXTENSION DU KUNSTHAUS

Au printemps 2003, une optimisation de la première ébauche est lancée, en collaboration avec la commission des programmes. Les modifications portent sur les points suivants : rééquilibrage de certains quotas de surface au profit des collections/expositions, structuration de l'ensemble, contenus et caractère marquant de la forme.

20
05
—

L'EXTENSION DU KUNSTHAUS : UN OBJECTIF DE LÉGISLATURE

L'extension du Kunsthaus est un objectif de législature du conseil municipal. Dans le cadre d'une nouvelle stratégie d'implantation, le canton décide de transférer la Pädagogische Hochschule dans l'espace urbain à proximité de la gare. Le Kunsthaus peut ainsi progresser dans la planification d'une extension sur le secteur jouxtant l'école cantonale.

20
07
—

29 août 2007
UNE ORIENTATION DÉCISIVE

Le canton garantit au Kunsthaus le secteur de l'école cantonale comme emplacement à venir de son extension. Le lancement d'un concours architectural est expressément validé avant que la transaction foncière ne soit conclue devant notaire. Le conseil municipal remplit la dernière condition préalable en votant les crédits de planification du projet. L'opération est maintenant engagée via les instances politiques du conseil communal et de la commission de consultation préalable. La première tranche de crédit permet la réalisation du concours et l'élaboration de l'avant-projet.

Lors de la première conférence de presse sur ce projet d'extension, organisée dans la salle de conférence du musée le 29 août 2007, en même temps que la publication de la décision du conseil municipal, le comité de direction présente les points essentiels du projet et de la suite des opérations.

Les contenus artistiques et les considérations à long terme déterminent l'extension du Kunsthaus. Le concept spatial placé au cœur du programme du concours d'architecture en découle.
—

14 décembre 2007
LANCEMENT DU CONCOURS D'ARCHITECTURE

Du 14 décembre 2007 au 1er février 2008, des annonces parues dans les revues spécialisées et sur les plateformes en ligne invitent les agences d'architecture du monde entier à faire acte de candidature pour participer à ce concours international.

Le jury international siège sous la présidence de Walter B. Kielholz, les débats sont dirigés par le professeur Carl Fingerhuth.

20
08
—

Mars 2008
AUDIENCE DU CONCOURS ARCHITECTURAL ET APPROBATION DES CRÉDITS DE PLANIFICATION DU PROJET

Avec 214 candidatures venues de cabinets d'architectes de 22 pays, le projet d'extension du Kunsthaus Zürich atteint une audience vraiment internationale. Début mars, les 20 membres du jury sélectionnent 20 équipes pour participer au concours. Neuf d'entre elles sont suisses, huit autres viennent d'autres pays d'Europe et trois du reste du monde.

Début avril, ces équipes travaillant sous anonymat – architectes de renom et d'expérience, mais aussi deux équipes de jeunes architectes – reçoivent des instructions exhaustives. Le programme du concours en est le fondement.

La procédure choisie assure une égalité de traitement à tous les participants jusqu'à la détermination du projet retenu, en novembre 2008.

La ville de Zurich soutient le programme. Le crédit à hauteur de 6,5 millions de francs suisses proposé par le conseil municipal à l'automne est approuvé le 26 mars 2008 par 113 voix contre 3 au conseil communal.
—

30 octobre 2008
L'EXTENSION TROUVE SON IDENTITÉ VISUELLE

Le Büro4 de Zurich est chargé de concevoir pour toute la durée du projet les rapports sur la construction, l'information des riverains, les points de documentation, les panneaux de chantier, les affiches, les invitations, les brochures pour les collectes de fonds et autres publications de lancement. Un an plus tard, l'agence obtient, pour l'ensemble de son travail de conception, le célèbre Red Dot Design Award.

—

7 novembre 2008
DAVID CHIPPERFIELD ARCHITECTS REMPORTE LE CONCOURS
Dans le cadre du concours portant sur l'extension du Kunsthaus Zürich, le jury désigne vainqueur le projet de l'agence David Chipperfield Architects.

—

15 décembre 2008
PRÉSENTATION DU PROJET SÉLECTIONNÉ
Avec le projet gagnant de David Chipperfield Architects, l'idée d'un musée pour l'art et le public du XXIe siècle prend une forme décisive. Celle-ci est présentée à la presse le 15 décembre 2008 par les partenaires de l'extension projetée. Le jury estime que le projet de l'architecte anglais, avec son élégance épurée, remplit au mieux les exigences de contenu et d'urbanisme fixées dans le programme du concours. Selon son rapport, cette extension fonctionne aussi bien pour l'art que pour le public. Les vingt projets retenus dans le cadre du concours sont exposés du 16 décembre 2008 au 11 janvier 2009 au Kunsthaus Zürich.

20 09

—

24 septembre 2009
PLUS OUVERT, PLUS ÉCOLOGIQUE ET MEILLEUR : LE PROJET RETRAVAILLÉ
Selon les recommandations du jury, le projet gagnant est optimisé en fonction du contexte urbain et de l'organisation intérieure. Toutes les recommandations formulées par le jury sont scrupuleusement respectées dans la suite du processus. Pour la maîtrise d'ouvrage à venir, le projet est à présent plus ouvert, plus écologique et meilleur : il est réalisable.

—

27 octobre 2009
FONDATION D'UNE SOCIÉTÉ DE PROJETS POUR L'EXTENSION DU KUNSTHAUS
L'organisation du projet donne naissance à une société de droit simple : les associés, et donc maîtres d'ouvrage, sont la ville de Zurich, la Zürcher Kunstgesellschaft et la Stiftung Zürcher Kunsthaus.
Avec la fondation de cette Einfache Gesellschaft Kunsthaus-Erweiterung (EGKE), les partenaires publics et privés de l'extension du musée créent une organisation de construction au début de la phase de conception. Dans l'intention de réaliser cette extension sur la Heimplatz, l'EGKE élabore un plan d'aménagement privé, garantit le financement, contrôle le chantier et se charge de la communication.

20 10

—

14 avril 2010
LE CONSEIL COMMUNAL DE ZURICH ACCEPTE L'AUGMENTATION DU CRÉDIT DE PLANIFICATION
Le projet d'extension du Kunsthaus franchit une étape décisive : par 99 voix contre 3, le parlement municipal approuve l'augmentation du crédit de planification, sollicitée par le conseil municipal, qui passe de 6,6 à 18 millions de francs suisses. Cette somme est appelée à financer les budgets prévisionnels détaillés, les informations et les documents pour le permis de construire, et la procédure retenue pour le plan d'aménagement.

—

18 octobre 2010
FONDATION DE LA FÖRDERSTIFTUNG KUNSTHAUS-ERWEITERUNG
La Zürcher Kunstgesellschaft annonce qu'elle va contribuer à l'extension du Kunsthaus à hauteur de 75 millions de francs suisses, issus de fonds privés. Elle crée à cet effet une fondation dont le but est d'assurer la collecte et l'enregistrement comptable des rentrées financières, la garantie de leur emploi conformément aux statuts (exclusivement pour le financement de l'extension) et la réalisation effective de tous les avantages fiscaux liés aux dons à la fondation. Le président du conseil de la fondation est l'avocat Franz J. Kessler. Dans une première phase sont encaissées les donations les plus importantes provenant de fondations et d'entreprises.
Cette étape marque le coup d'envoi de la collecte de fonds, dont les objectifs sont revus à la hausse proportionnellement aux coûts du projet. Grâce à l'engagement personnel de Thomas W. Bechtler, Walter B. Kielholz, Conrad P. Schwyzer, Conrad M. Ulrich, Gitti Hug, Anne Keller, Christoph Becker, ou encore Renato Fassbind, Adrian Hagenbach, Elisabeth Oltramare, Herbert Scheidt, Nicola von Lutterotti-Scheidt et Susanne von Meiss, et grâce à la générosité des donateurs et donatrices, quelque 88 millions de francs suisses sont ainsi réunis d'ici à l'ouverture de l'extension du Kunsthaus.

—

9 novembre 2010
PRÉSENTATION PUBLIQUE DU PLAN D'AMÉNAGEMENT
Du 10 novembre 2010 au 24 janvier 2011, le plan d'aménagement de l'extension du Kunsthaus est soumis à un examen public. Après cette procédure de concertation, les objections possibles sont réunies, examinées et synthétisées dans un rapport destiné au conseil communal.

20 11

—

26 janvier 2011
45 OBJECTIONS CONTRE LE PLAN D'AMÉNAGEMENT
45 objections ont été relevées contre le plan d'aménagement. Une grande partie de ces critiques exprime la même revendication : la nouvelle construction envisagée doit être décalée de quelques mètres vers l'arrière.
Comme de très nombreuses requêtes formulent ce souhait, la municipalité prend contact avec le groupement « Open Pfauen » et vérifie toutes les données. En cas de rejet d'une objection, elle est tenue de le justifier dans un rapport, communiqué au conseil communal avec le plan d'aménagement.

—

6 septembre 2011
ADOPTION DE L'AVANT-PROJET ET PRÉSENTATION DU BUSINESS PLAN
L'avant-projet d'extension du Kunsthaus Zürich est prêt. Le projet de l'équipe de David Chipperfield a désormais son allure définitive. Selon le calendrier prévu, la population zurichoise doit pouvoir être consultée sur ce projet en 2012 ; l'inauguration de l'extension du Kunsthaus est prévue pour 2017. Le nouveau bâtiment offrira de l'espace pour des expositions temporaires, pour une présentation dynamique de la collection d'art contemporain à partir de 1960 et pour le nouveau point fort que constituent l'impressionnisme et la peinture française.
Dans le cadre de l'élaboration de l'avant-projet, le concept architectural du projet gagnant est perfectionné et adapté aux besoins de l'utilisation à venir. Dans le même temps, le calendrier et l'estimation des coûts pour la réalisation du projet sont détaillés et précisés. Les coûts envisagés s'élèvent à 178,8 millions de francs suisses. Selon les recommandations de la commission de construction, les volumes aériens et souterrains sont réduits dans toutes leurs dimensions tandis que le parvis sur la Heimplatz est agrandi : le nouvel édifice se montre ainsi plus compact que tous les projets initiaux.
Utilisateur et opérateur, le Kunsthaus présente les points essentiels de son business plan. Grâce au maintien du haut pourcentage d'autofinancement (de plus de 50 % jusque-là) et à l'augmentation des subventions figurant dans le schéma culturel de la ville de Zurich, l'accroissement des dépenses prévu peut être couvert.

—

12 décembre 2011
LE GRAND CONSEIL CANTONAL ACCORDE 30 MILLIONS ET L'UTILISATION DU TERRAIN
Le canton de Zurich soutient la construction de l'extension du Kunsthaus à hauteur de 30 millions de francs suisses. Par 154 voix

contre 1, le Grand Conseil accorde à la Stiftung Zürcher Kunsthaus cette contribution prélevée sur les fonds de la Loterie cantonale. Il met aussi à disposition le terrain nécessaire – d'une valeur de 15 millions de francs suisses – en accordant un droit de superficie de 80 ans.

—

14 décembre 2011

CONTRIBUTION MUNICIPALE ET PLAN D'AMÉNAGEMENT

Le conseil municipal dépose une requête auprès du conseil communal pour un investissement de 88 millions de francs suisses pour la votation populaire et une participation de 5 millions aux frais préliminaires de l'extension. Pour le fonctionnement du Kunsthaus agrandi à partir de 2017 et pour l'entretien du bâtiment de l'extension, le conseil municipal demande une augmentation des contributions municipales annuelles à venir à hauteur de 7,5 millions de francs suisses. Dans le même temps, il soumet au conseil communal le plan public d'aménagement pour le secteur de l'extension du Kunsthaus, aux fins d'examen et de décision.

20 12

—

23 avril 2012

LE KUNSTHAUS ZÜRICH COOPÈRE AVEC LA FONDATION HUBERT LOOSER

Une remarquable collection privée d'art moderne et contemporain entre en prêt permanent au Kunsthaus : la collection Hubert Looser, qui met l'accent sur l'expressionnisme abstrait, le Minimal Art et l'Arte Povera. Soixante-dix œuvres vont ainsi être intégrées dans l'extension du Kunsthaus et compléter au mieux la collection prestigieuse.

La collection Looser témoigne d'une posture qui, loin des modes, crée des zones de contraste et des possibilités de dialogue. Elle conduit à de nouvelles expériences et connaissances artistiques. Cela coïncide avec les objectifs du Kunsthaus : présenter de façon dynamique sa propre collection dans le nouvel ensemble à la Heimplatz.

—

28 mai 2012

LA COLLECTION EMIL BÜHRLE ENTRE AU KUNSTHAUS ZÜRICH

Dans une convention, la Zürcher Kunstgesellschaft et la Stiftung Sammlung E.G. Bührle organisent le prêt à long terme d'environ 190 tableaux et sculptures au Kunsthaus Zürich. De renommée internationale, la collection de l'industriel Emil Bührle (1890-1956) sera exposée dans l'extension du Kunsthaus. Est ainsi créé le plus important ensemble européen de peintures impressionnistes françaises en dehors de Paris. Cette nouvelle convention de prêt remplace l'accord de principe qui avait été signé en

février 2006 et scelle la volonté alors exprimée par les deux parties de rendre accessibles au public les chefs-d'œuvre de la collection Bührle dans l'extension du Kunsthaus.

—

29 mai 2012 / 12 juin 2012

ACCORD DE LA COMMISSION DE CONSULTATION PRÉALABLE

Le 12 juin 2012, la commission de consultation préalable du conseil communal approuve la contribution municipale pour la construction de l'extension du Kunsthaus. La décision favorable correspondante de la commission de construction en faveur du plan d'aménagement avait été prise deux semaines plus tôt.

—

4 juillet 2012

ACCORD DU CONSEIL COMMUNAL

À une très large majorité, le conseil communal de Zurich approuve le financement et le plan d'aménagement de l'extension du Kunsthaus.

—

28 septembre 2012

CRÉATION DU COMITÉ DE CONCERTATION

Quelques jours après la fixation de la votation populaire au 25 novembre 2012, un comité de concertation politiquement neutre et indépendant se constitue pour soutenir l'extension du Kunsthaus. Plus de 160 personnalités de la culture, du monde sociopolitique et de l'économie appuient ce projet novateur et font connaître leur opinion sur un site internet spécialement dédié.

—

5 octobre 2012

GRANDE EXPOSITION

Jusqu'au 6 janvier 2013, dans une exposition mise en scène sur plus de 1 300 m² et intitulée « Le Nouveau Kunsthaus. Grand art, grande architecture », le Kunsthaus Zürich présente les offres qu'il proposera au public dans son extension.

—

25 novembre 2012

LA POPULATION ZURICHOISE APPROUVE LE PROJET D'EXTENSION

Le résultat de la votation du 25 novembre 2012 est un grand succès pour Zurich en tant que ville de culture et la Zürcher Kunstgesellschaft. À 53,9 %, une majorité de la population entérine l'idée d'un musée pour l'art et le public au XXIᵉ siècle.

20 13

—

16 mars 2013

ENTRÉE EN VIGUEUR DU PLAN D'AMÉNAGEMENT

Le 31 janvier 2013, la direction architecturale du canton de Zurich homologue le plan public d'aménagement pour l'extension du Kunsthaus. Ledit plan entre en vigueur le 16 mars 2013.

25 mars 2013

IMPORTANTE DONATION POUR L'EXTENSION

La Walter Haefner Stiftung soutient l'extension du Kunsthaus Zürich avec une donation à hauteur de 20 millions de francs suisses.

—

16 avril 2013

MISE EN PLACE DE LA MAQUETTE DE FAÇADE

Sur le terrain de la construction à venir est présentée une maquette grandeur nature de la façade de l'extension. Cela permet d'essayer diverses variantes pour le choix des matériaux. Il s'agit d'un dispositif temporaire, et la maquette présentée n'est pas obligatoirement identique au résultat final.

—

31 mai 2013

PERMIS DE CONSTRUIRE OCTROYÉ

Lors de sa session du 31 mai 2013, le département des constructions du conseil municipal de Zurich donne son accord pour l'extension du Kunsthaus. Le permis de construire comporte les contraintes courantes pour les projets de cette importance. Le délai de recours est de trente jours.

20 15

—

2 février 2015

LE PERMIS DE CONSTRUIRE DEVIENT EXÉCUTOIRE

Deux années durant, une querelle juridique bloque les travaux d'extension du Kunsthaus Zürich. La Stiftung Archicultura de Lucerne a en effet introduit un recours contre le permis de construire délivré le 31 mai 2013. Par jugement du 19 décembre 2014, le tribunal compétent rejette ledit recours et le permis de construire devient exécutoire.

—

3 août 2015

DÉBUT DU CHANTIER

Les travaux préliminaires à l'installation du chantier démarrent le 3 août 2015. Le projet de l'équipe de David Chipperfield entre alors dans sa phase de réalisation. Selon le plan de travail prévisionnel, le nouveau bâtiment doit ouvrir ses portes en 2020.

Sur le terrain du chantier, les gymnases et autres baraquements sont dépollués avant démolition. Parallèlement, on assure la protection des arbres qui doivent être conservés pour le jardin des Arts ; les autres sont arrachés. Un écran de protection est mis en place, puis commencent les travaux de terrassement.

20 16

—

Mai 2016

DÉBUT DES TRAVAUX DE PERCEMENT

Les travaux pour le passage souterrain de la Heimplatz commencent. Après l'ouverture, ce passage doit permettre aux visiteurs et visiteuses de se déplacer entre le bâtiment Chipperfield et l'ensemble préexistant, indépendamment du trafic sur la Heimplatz et des éventuelles intempéries. Ce passage sert aussi au transport des œuvres d'art. À l'exception de quelques fermetures temporaires en fin de semaine, la Heimplatz reste ouverte à la circulation : la gestion du trafic s'adapte à l'état d'avancement des travaux.

—

24 août 2016
FIN DES TRAVAUX DE TERRASSEMENT
Comme on s'y attendait, le sol renfermait les restes des remparts de la ville, datant du XVIIe siècle. On ne trouve en revanche aucune trace de l'ancien cimetière juif. Les services d'archéologie urbaine suivent de très près les extractions de terre liées à l'extension.

—

8 novembre 2016
POSE DE LA PREMIÈRE PIERRE
La maîtrise d'ouvrage de l'extension – représentée par Walter B. Kielholz (président de la Zürcher Kunstgesellschaft), Corine Mauch (maire de Zurich, vice-présidente de l'EGKE), Christoph Becker (directeur du Kunsthaus), Martin Zollinger (président de la Stiftung Zürcher Kunsthaus) et André Odermatt (conseiller municipal, chef du Département des constructions) – pose avec l'architecte David Chipperfield la première pierre de l'extension du Kunsthaus Zürich. Urs Fischer, artiste zurichois de renommée internationale, a créé une pierre de fondation pour la collection du nouveau Kunsthaus : une sculpture en bronze de plus de deux mètres sur deux.

20
17

—

14 mars 2017
FERMETURE PARTIELLE POUR TRAVAUX
Les travaux pour l'extension du Kunsthaus atteignent le bâtiment existant. De nouveaux escaliers et ascenseurs sont intégrés sans interruption de fonctionnement. Ils mènent du hall d'entrée existant au passage donnant accès à l'extension, de l'autre côté de la Heimplatz. Le musée reste ouvert.

20
18

—

26 avril 2018
PERCEMENT DU PASSAGE
La dernière couche de terre entre le passage long de 82 mètres, venant de l'extension Chipperfield, et le bâtiment de Karl Moser est percée.

3 juillet 2018
UNE ÉTAPE IMPORTANTE : L'ACHÈVEMENT DU GROS ŒUVRE
Avec l'achèvement du gros œuvre, le bâtiment peut être appréhendé pour la première fois dans la globalité de sa dimension et de ses proportions. Il atteint sa hauteur de construction effective et forme un ensemble marquant sur la Heimplatz. L'achèvement du gros œuvre intervient trois ans après le début du chantier : celui-ci se déroule donc conformément aux prévisions.

—

24 mai 2018
UN NOUVEAU PRÊT DE LONGUE DURÉE : LA COLLECTION MERZBACHER
La collection de Gabriele et Werner Merzbacher va entrer dans l'extension du Kunsthaus sous la forme d'un prêt de longue durée. La Kunstgesellschaft et les collectionneurs ont signé une convention dans ce sens. Les 65 tableaux promis pour une durée d'au moins 20 ans sont signés des grands maîtres de l'impressionnisme, du post-impressionnisme et du fauvisme, et de membres des groupes « Die Brücke » et « Der Blaue Reiter ».

20
19

—

17 juillet 2019
PUBLICATION DU SCÉNARIO D'INAUGURATION
L'achèvement de l'extension est programmé pour l'hiver 2020 et le début de l'exploitation, par étapes, prévu pour 2021.

—

27 août 2019
RÉOUVERTURE DE L'ENTRÉE PRINCIPALE
Après deux ans et demi de transformations, l'entrée principale du Kunsthaus est de nouveau ouverte. Le bâtiment a été doté d'un second sous-sol afin d'assurer la liaison souterraine entre le bâtiment Moser et le bâtiment Chipperfield.

20
20

—

29 février 2020
UN CHANTIER OUVERT
Pour cette quatrième Journée portes ouvertes (qui comprend chaque année depuis 2017 des visites de chantier), plus de 1 800 personnes visitent le bâtiment qui se trouve en phase d'aménagement intérieur. La demande de visites privées du chantier, possibles depuis septembre 2019, dépasse désormais les possibilités d'accueil.

11 décembre 2020
LIVRAISON
Après cinq années de chantier, l'extension du Kunsthaus est terminée. À la cérémonie de remise des clefs sont invitées quelque 230 personnalités de la culture, de la politique et de l'économie ayant participé au projet, directement ou indirectement. Représentant de la propriétaire du nouvel ensemble, Richard Hunziker, président de la Stiftung Zürcher Kunsthaus, reçoit les clefs de la part de la maîtrise d'ouvrage. Dans leurs discours successifs, le président de l'EGKE (Walter B. Kielholz), la maire de la ville (Corine Mauch), le chef du département des constructions (André Odermatt) et l'architecte David Chipperfield exposent aux invités le bilan du projet qui a été mené à bien en restant au-dessous d'un plafond de 206 millions de francs suisses.

—

12-13 décembre 2020
OUVERTURE EN TROIS ÉTAPES
Lors de l'inauguration, le bâtiment conçu par David Chipperfield Architects se présente comme un chef-d'œuvre architectural. La population est conviée à deux jours de visite pour découvrir les nouveaux espaces, leurs proportions et leur remarquable réalisation matérielle. La seconde partie de l'installation « Tastende Lichter », de Pipilotti Rist, est inaugurée en soirée. La projection effleure les façades du Kunsthaus et du théâtre, créant sur la Heimplatz un événement artistique à 360 degrés.

Le Kunsthaus a besoin d'un certain temps pour parvenir à son plein fonctionnement. Après une phase de test, les œuvres d'art seront installées dans l'extension à l'été 2021, avant que les activités du musée ne reprennent pleinement le samedi 9 octobre 2021.

Une maison pour le public

Zürcher Kunstgesellschaft
(88 millions)

Canton de Zurich
(30 millions)

Ville de Zurich
(88 millions)

QUE COÛTE LE NOUVEAU KUNSTHAUS, ET QUI PAIE QUOI ?

Le Kunsthaus Zürich est financé par la Stiftung Zürcher Kunsthaus et la Zürcher Kunstgesellschaft. La Zürcher Kunstgesellschaft est responsable de la gestion du Kunsthaus. Avec plus de 20 000 membres, c'est l'une des plus grandes associations artistiques d'Europe. La Stiftung Zürcher Kunsthaus est propriétaire des biens immobiliers et responsable de l'entretien des bâtiments. La ville de Zurich verse quant à elle aux deux institutions des contributions annuelles, lesquelles ont été augmentées en raison de l'extension.

Pour la réalisation de cette extension, les trois parties ont fondé la Einfache Gesellschaft Kunsthaus-Erweiterung. Celle-ci assumait la maîtrise d'ouvrage. Une fois le chantier achevé, l'extension est transférée à la Stiftung Zürcher Kunsthaus. Le budget pour l'extension s'élève à 206 millions de francs suisses. La Zürcher Kunstgesellschaft – grâce à l'engagement de nombreux amateurs et amatrices d'art privés – y a contribué à hauteur de 88 millions de francs. La même somme a été versée par la ville de Zurich. Le canton de Zurich a apporté 30 millions de francs en provenance du Fonds de loterie et a également accordé gratuitement le droit de superficie sur le terrain.

Ainsi, avec un soutien large, le financement montre clairement que le Kunsthaus Zürich est une maison destinée au public.

—

Population de la ville et du canton de Zurich
Walter Haefner Stiftung
Familles Bührle et Anda
Swiss Re
Hans Imholz-Stiftung
Georg und Bertha Schwyzer-Winiker-Stiftung

—

Ernst Göhner Stiftung
Max Kohler Stiftung
Credit Suisse Group AG
A-Charity Foundation
Baugarten Stiftung
Daphne & Walter Kielholz-Pestalozzi
Werner et Gabriele Merzbacher et
        Merzbacher Kunststiftung
Dr. Georg und Josi Guggenheim-Stiftung
Zurich Insurance Company Ltd

—

Wunderly-Böhme Stiftung
Dr. Anton et Anna Bucher-Bechtler
Maja Hoffmann
Andy Rihs
Hans-Ueli Rihs
Christen Sveaas
Alfred & Maja von Sick
Franz Wassmer
Werner Abegg-Fonds
Georges und Jenny Bloch-Stiftung
D & K Dubach Keller Stiftung
Adolf und Mary Mil-Stiftung
Vontobel-Stiftung
Albers & Co AG
Hesta AG
Mercedes-Benz Automobil AG
UBS AG

—

Thomas W. et Cristina Bechtler
Ruedi Bechtler et Regula Kunz Bechtler
Harro et Margot Bodmer
Famille Rainer E. Gut
Dres. Jean-Claude et
        Claudia Wenger-Schrafl
Bär-Kaelin Stiftung
Hauser & Wirth
Flughafen Zürich AG
Marlborough Galleries
Stephanie Zuellig-Stünzi

—

Paul et Margrit Hahnloser-Ingold
Fondation «Perspektives» de Swiss Life
Diethelm Keller Group
Heer + Co. AG
Nicolas et Elisabeth Oltramare
Annette et Ulrich Pestalozzi
Karitative Stiftung Dr. Gerber-ten Bosch
Adecco S.A.
Alfred und Bertha Zangger-Weber Stiftung
Hulda und Gustav Zumsteg-Stiftung

—

Famille Thomas Bär
Dr. Jürg H. Blass
Rahn + Bodmer Co., André M. Bodmer
Ulrich et Anja Bremi-Forrer
Oliver et Hilda Burger-Calderon
Regula et Beat Curti
Louis-Dreyfus Family
Heinz J. Göldi
Dr. Renato et Susanne Fassbind
Gitti Hug
Robert Karrer
Jutta Prager
Dr. Edgar Rappold
David Syz
Georg et Patsy von Segesser
Dr. Heinz et Sabin Waser
C&A Foundation
Zürcherische Seidenindustrie Gesellschaft ZSIG
F. Aeschbach AG
Barry Callebaut AG
Baur au Lac
Open Systems AG
Wemaco Invest AG, Maja et Werner O. Weber

—

Dr. Nicola von Lutterotti et
        Dr. Herbert Scheidt
Sandra von Schulthess
Beatrice Weber-Dürler
Prof. Dr. Franz et Charlotte Weinberg
Dr. Martin et Heidi Zollinger
Hans-Eggenberger-Stiftung
Dr. Max H. et Barbara Albers-Schönberg
Mirjam Staub-Bisang et Martin Bisang
Peter R. Bruppacher
Dominik et Madeleine Keller-Guignard
Walter Knabenhans jun.
Katrin Strickler-Hagenbach
Dr. Jürg et Ingeborg Sulzer-Zehnder
Dr. Christoph et
        Linda von Graffenried Walker

—

Paul Pfister
Urs + Renata Saxer-Hajek
Christine Berger-Peyer
Bruno Bischofberger et famille
Dr. Hans Bollmann
Prof. Dr. Felix Dasser
Prof. Dr. Peter Forstmoser
Ljuba Manz-Lurje
Niklaus H. et Ariane Meyerhofer
Ursula et Sandro Perucchi
Kurt Sieger
Dr. Alex Vannod
Dr. Peter F. Weibel
Dr. Martin et Danièle Wetter
Gunnar & Christina Wettergreen
Heinz et Heidi Wuffli
Peter et Susanne Wuffli
Dr. Egon Zehnder
Daniel et Ute Zeller
Egon-und-Ingrid-Hug-Stiftung

—

**Nous tenons également à remercier tous
les autres mécènes qui ne souhaitent pas être
nommés.**

51

MENTIONS LÉGALES

Cette publication accompagne l'ouverture de l'extension du Kunsthaus Zürich a l'automne 2021.

Elle a été réalisée avec le soutien financier de la « Einfache Gesellschaft Kunsthaus-Erweiterung » (EGKE).

–

Conception éditoriale et rédaction :
Barbara Kieser, Franziska Martin,
Björn Quellenberg, Kristin Steiner,
Lukas Wigger
Traduction : Martine Passelaigue
Relecture : Isabelle Liber
Correction : Valentine Meunier
Conception graphique : Büro4, Zurich
Lithographie, impression et reliure :
DZA Druckerei zu Altenburg GmbH, Thuringe

–

© 2020 Einfache Gesellschaft Kunsthaus-Erweiterung, Zürcher Kunstgesellschaft/Kunsthaus Zürich et Verlag Scheidegger & Spiess AG, Zurich

–

Verlag Scheidegger & Spiess
Niederdorfstrasse 54
8001 Zurich
Suisse
www.scheidegger-spiess.ch

–

La maison d'édition Scheidegger & Spiess bénéficie d'un soutien structurel de l'Office fédéral de la culture pour les années 2016-2020.

ISBN 978-3-85881-876-8

Édition allemande :
ISBN 978-3-85881-696-2

Édition anglaise :
ISBN 978-3-85881-875-1